Là aussi se trouvait pour nous un point d'appui contre l'Angleterre.

Le cabinet de Saint-James n'est point, comme ceux de Vienne et de Pétersbourg, hostile aux constitutions ; il ne défend ni les monarchies pures, ni les monarchies libérales ; mais il veille au maintien des unes et des autres ; il veut entre elles un partage à peu près égal ; il veut équilibre, ou plutôt combat.

Si l'Europe entière était soumise à des rois absolus, cette vaste monarchie serait pour l'Angleterre une menace ; si d'un autre côté le cabinet de Paris venait à saisir la direction des forces constitutionnelles, il en pourrait former un nouveau système continental plus terrible que le premier. L'Angleterre ne craint pas comme nous l'attaque séparée de la Russie ou de l'Autriche ; l'union des états européens a seule le pouvoir de compromettre sa puissance. A l'aspect d'un rival isolé, la reine des mers, aussi confiante que César, défend l'effroi de la tempête au vaisseau qui porte sa fortune.

Aussi oppose-t-elle à nos projets d'alliance une invincible résistance ; aussi nous a-t-elle enjoint de reléguer dans nos archives le pacte de famille que le plus fin de nos diplomates songeait à renouveler. Cette injonction, long-temps tenue secrète, trahit la crainte de l'Angleterre.

En montrant sa prévoyance, elle a coupé dans nos mains le premier anneau de cette chaîne européenne qui pouvait se tendre contre elle.

Ainsi nous est expliquée la sourde opposition qu'elle a mise à l'établissement d'une charte espagnole, parce que cette charte eût rendu notre alliance avec l'Espagne plus facile à former et plus redoutable après sa formation; ainsi nous est expliqué son refus de favoriser l'établissement d'une constitution dans le royaume de Naples, parce que tout nous portait à le comprendre dans le pacte de famille; ainsi nous est expliqué son refus de tenir les promesses de liberté qu'elle a faites à l'Italie, parce qu'aux approches du despotisme autrichien, l'Italie implorait le secours de la France.

- En laissant à l'Europe ses constitutions actuelles, l'Angleterre tient ces constitutions à distance de la charte française; elle ôte à celle-ci les moyens de communiquer avec sa famille : elle place hors de notre portée les alimens de notre force.

Je n'ai point à motiver l'exception qu'elle a faite en faveur de nos voisins les Pays-Bas ; elle voit dans ce royaume une province anglaise, et le penchant de la maison d'Orange à favoriser ses vues ambitieuses, ne doit pas l'effrayer.

Aux alliances européennes il nous importe

d'ajouter les alliances américaines : les rivaux de l'Angleterre sont à Mexico, à Caraccas, à Lima, à Buénos-Ayres, à Rio-Janeiro, et partout où il y a commerce et marine.

Les avantages du système une fois établis, il reste à le former.

Malgré les difficultés qui nous arrêtent, nous croyons au succès de nos efforts. Il nous paraît possible de faire tourner au profit d'institutions constitutionnelles l'ascendant que nous avons sur les conseils de la péninsule. Le vœu de l'Espagne éclairée, des liens de famille entre les monarques des deux pays, nos services et la présence de nos armées, sont une force réelle donnée à nos diplomates, qui ont aussi des doctrines contagieuses à repousser. Un jeune prince qui, même au péril du trône, applaudit aux efforts de la liberté, et qui porte à la France l'amour qu'il a pour la gloire, promet un auxiliaire à nos projets d'alliance avec la Sardaigne. Sans doute le monarque sicilien qui a vu sa nation, au milieu de ses erreurs, respecter à tout prix la royauté, ne craindra pas de suivre un exemple donné par les princes de sa famille ; il voudra justifier la confiance qu'il inspire, et son conseil attend l'appui du nôtre pour marcher dans les voies constitutionnelles. La disposition où sont d'autres états de seconder nos vues, nous est révélée par la situation même où ils se trouvent ; c'est l'étude de leurs intérêts qui nous donne la connaissance de leur politique. Les positions qui font les hommes, font aussi les cabinets ; l'intrigue est moins habile à surprendre les secrets diplomatiques que l'examen des faits. La Bavière ne peut avoir oublié les refus que l'Autriche oppose à ses justes réclamations. Les grands-duchés de Hesse et de Bade, le Wurtemberg et Weimar, n'ont pu voir dans les dernières stipulations des congrès que le partage du lion. La Prusse elle-même a fait entendre ses plaintes, et la Suède n'a point encore pardonné à la Russie l'invasion de la Finlande ; Oxenstiern et Richelieu, qui étaient placés sous plusieurs rapports dans les circonstances où nous sommes, donnent leur exemple à suivre au ministère.

Qu'on n'accuse pas un pareil système de porter une atteinte au repos de l'Europe, en rompant son équilibre.

Si les cabinets de Vienne, de Pétersbourg, de Londres, qui, certes, avaient d'autres pensées, avaient pu former cet équilibre, le temps aurait déjà détruit leur ouvrage ; les États qu'ils auraient faits égaux en 1814, auraient déjà cessé de l'être ; ils n'auraient pu empêcher les uns de croître et les autres de vieillir ; et quand enfin il serait possible de maintenir l'Europe telle qu'ils nous l'ont faite, est-il permis à la France de s'y résigner? la France a-t-elle intérêt à conserver l'œuvre de ses ennemis? les conditions imposées à nos malheurs ont-elles droit au respect de notre force actuelle? Quand nous voyons un insolent triumvirat se partager le monde européen, pourquoi éloigner le moment de l'interroger sur sa justice?

Faut-il ajouter qu'en assiégeant l'ennemi, la diplomatie peut employer la mine.

La question d'équilibre est d'ailleurs résolue par les événemens. La guerre allumée en Orient est un incendie qui va gagner de proche en proche, grâce à nos fautes diplomatiques; notre rôle, au moment du partage possible de la Grèce, sera celui de spectateur. A ses possessions déjà immenses en Europe et en Asie, la Russie ajoutera la Valachie, la Moldavie et le reste. L'Autriche, à ses nouvelles acquisitions en Allemagne, à son usurpation sur la Bavière, à sa Pologne et à son Italie, joindra le complément de son Illyrie; et la France, à qui l'équilibre prétendu a ôté ce qu'il a donné aux puissances rivales, la France, affaiblie et démantelée, demandera peut-être l'Égypte, mais l'Égypte sera donnée à l'Angleterre qui déjà l'aura prise.

Ce n'est point à des hommes vulgaires que la patrie devra son triomphe diplomatique. Menacée de loin par la Russie, et gardée à vue par l'Angleterre; pressée d'un côté par la Prusse, et de l'autre contenue par l'Autriche, sa position, que ses fautes ont rendue plus triste, ne lui laisse à prétendre qu'une supériorité de sagesse. Le talent devient donc un devoir impérieux pour la diplomatie; elle doit écarter la médiocrité comme autant de périls.

La science diplomatique est d'ailleurs par elle-même placée au-dessus des intelligences vulgaires : elle veut des talens de premier ordre, et condamne ceux qui les possèdent à des travaux immenses.

Un gouvernement qui improvise des ambassadeurs commet une faute et se prépare un échec.

L'ambassadeur chargé de nos intérêts doit les connaître; il doit savoir à la fois son pays et l'Europe, les forces de terre et de mer, le moral des nations, la population, le commerce, les finances, l'état des sciences appliquées, les institutions, les lois; il a dû tout étudier, il doit tout connaître, il doit être un état de situation vivant; cette connaissance parfaite du présent est la base de ses calculs et de ses prévisions; du présent, comme principe, il arrive au futur comme à une conséquence; parce qu'il voit bien ce qui est, il prévoit ce qui sera : voilà le fondement vé-

'ritable de la science du diplomate, pour qui le présent bien observé est le prophète de l'avenir.

Un homme étranger à l'étude des intérêts généraux des nations, un homme qui ne possède aucune des connaissances dont la réunion lui serait nécessaire, un homme à qui manque un talent supérieur pour y suppléer, un homme dont la position est d'ailleurs mauvaise, ne peut être ambassadeur dans un pays bien gouverné ; mais l'expérience nous a prouvé qu'il avait pu l'être en France.

Nous avons eu depuis la restauration deux classes d'ambassadeurs, 1° des émigrés, 2° des ministres disgrâciés.

On a vu les premiers, étrangers à la nouvelle France, chargés de parler pour elle et de protéger ses intérêts qu'ils ignoraient.

Les autres, qu'on dépouillait du pouvoir en France, ont eu la mission d'appuyer au dehors le système qui les avait renversés.

Ceux-ci, après avoir combattu pour le pouvoir absolu et pour les priviléges, sont devenus ambassadeurs de la charte, qui ne veut ni arbitraire ni priviléges.

Ceux-là, reconnus incapables ou dangereux par le ministère, qui les éloignait de Paris, obtenaient sa confiance à Londres, à Naples, ou à Stockholm.

Presque tous, arrachés à leurs travaux habituels, placés sans épreuve à la tête d'un service qu'ils aspirent à quitter, défiant d'eux-mêmes, mécontens de leur destinée, étaient connus pour tels de leurs subordonnés et de la cour où ils résidaient.

Qu'est-il arrivé ?

Les diplomates émigrés ont représenté la France comme ils l'ont toujours vue; ils ont cherché au dehors des appuis à l'ancien régime, qu'ils croyaient salutaire : de là les notes secrètes, la sainte-alliance, l'abandon de la Grèce, les secours d'armes aux apostoliques d'Espagne.

Les ambassadeurs improvisés ont nui, de leur côté, par leur inaction, et surtout par défaut d'expérience et de connaissances spéciales. Liés par leur opinion politique, ils n'ont pu vouloir appuyer des adversaires, et comme ils ne pouvaient non plus méconnaître l'autorité supérieure, ils ont fait exactement ce qui était prescrit, sans aller au-delà, et la conséquence a été la faiblesse de notre diplomatie.

Admettons qu'ils n'aient pris conseil que de leur position d'ambassadeurs.

Était-il possible à un émigré de servir d'interprète à la gloire de la France, auprès des cours étrangères? Nos trophées avaient troublé son sommeil, nos exploits n'étaient pas son ouvrage, son cœur n'avait point battu au récit de nos triomphes; il n'était point avec nous au pied des pyramides, il n'avait point vu ce beau soleil d'Austerlitz.

Mais un vieux soldat de la grande-armée, arrivant à Vienne comme ambassadeur, y fût entré avec un cortége de belliqueux souvenirs; autour de lui il aurait eu Arcole, Marengo et Wagram; l'épée d'Eckmülh eût été suspendue à son côté; avant d'avoir dit un mot, il aurait fait à l'Autriche une terrible harangue.

Était-il facile aux ministres disgraciés, devenus ambassadeurs, de nier ces divisions politiques dont ils étaient la preuve? pouvaient-ils persuader sans croire eux-mêmes? et d'ailleurs, qu'elle foi obtenaient leurs discours, réfutés par des faits?

La protection que la diplomatie doit à la cause de la monarchie et de la charte s'étend à tous les grands intérêts du pays; nos ambassadeurs à Londres, à Washington, comme à Bruxelles et à Constantinople, s'ils sont étrangers à l'étude de la marine et du commerce, occupent leur emploi sans le remplir.

Quand ils n'ont pas à s'occuper de nos succès dans le commerce et dans la marine, ils ont en-

corc à porter leur attention sur les succès mê-
mes de l'étranger; ils doivent étudier au profit de
la France les avantages dont elle est privée, et
qu'une imitation heureuse peut lui donner; ils
doivent enfin importer parmi nous tout ce
qu'ailleurs ils ont vu d'utile.

Ces pacifiques conquêtes ne sont pas les moins
importantes ; le secret qu'il importe de voler à
l'étranger est celui de sa fortune.

Au tableau des obligations imposées aux ambassadeurs je puis ajouter une réflexion sur
leur correspondance : ce qu'on leur demande,
ce sont des renseignemens et non des conseils, c'est un état de situation et non un
plan de conduite, ce sont des faits et non des
commentaires; après avoir constaté ces faits, au
lieu de les juger, ils doivent, comme le télégra-
phe, se borner à les transmettre.

Le Ministre, placé au centre de nos relations
diplomatiques, peut seul embrasser leur ensem-
ble; sa carte politique est la seule qui soit com-
plète; il doit donner le mouvement, rarement le
recevoir.

Faut-il répéter que la création d'une école de
diplomatie serait un remède à la plupart des
abus que nous avons signalés?

NOTE.

Ma correspondance a offensé plusieurs des chefs actuels de l'Université.

Ils ont trouvé injustes les reproches que je leur adresse au sujet de la taxe universitaire; mes plaintes sur l'admission des étrangers dans le corps enseignant, leur ont paru porter à faux; ils me reprochent enfin d'avoir été violent dans mes attaques.

La taxe universitaire a été pour eux, disent-ils, la condition de leur existence; ils ne l'ont maintenue que par nécessité et à défaut d'autre ressource.

L'admission des étrangers dans le corps enseignant est justifiée par le mérite personnel de nouveaux élus, lesquels d'ailleurs sont en petit nombre.

J'admets volontiers l'explication donnée sur le maintien forcé de la rétribution universitaire. Cette explication justifie pleinement le conseil royal de l'instruction publique.

Sur le second point une distinction me paraît utile.

Je n'ai point contesté en général le mérite des étrangers admis dans l'Université, mais j'ai pu révoquer en doute leur mérite universitaire ; j'ai pu signaler leur admission dans le corps enseignant comme une *injure* faite aux professeurs qu'elle prive d'un avancement légitime et de la considération qui en est la suite ; j'ai pu regarder aussi comme étrangers à l'Université les censeurs , les proviseurs et les autres fonctionnaires qui ne remplissent aucune des conditions imposées aux simples agrégés ; et pour décider si les fonctionnaires non gradués par examen sont en grand nombre , j'en appelle à la bonne foi des membres du conseil.

Quant au reproche d'avoir manqué de modération , je croyais l'avoir repoussé d'avance ; voici en effet ce que j'ai demandé :

« Ce n'est point à la violence à opérer ces réfor-
» mes, la justice y doit présider ; on doit moins
» s'occuper de punir les fautes passées que de
» prévenir leur retour ; une retraite proportionnée
» à la durée comme à l'importance des services
» doit acquitter la dette de l'Université. »

Le langage de mes accusateurs auprès du ministre était plus sévère.

ERRATUM.

Troisième Lettre, page 18, au lieu de *mépris*, lisez *respect*.

Imprimerie de F.-N. ALLOIS, avenue de Saint-Cloud, nᵒ 3.

208